Richard Peinlich

Judenburg und das heilige Geistspital daselbst

Richard Peinlich

Judenburg und das heilige Geistspital daselbst

ISBN/EAN: 9783743361584

Hergestellt in Europa, USA, Kanada, Australien, Japan

Cover: Foto ©ninafisch / pixelio.de

Manufactured and distributed by brebook publishing software
(www.brebook.com)

Richard Peinlich

Judenburg und das heilige Geistspital daselbst

Judenburg

und

das h. Geistspital daselbst.

Von

Dr. R. Peinlich.

Der Ertrag ist zum Besten der armen Schüler an der landschaftlichen
Bürgerschule in Judenburg bestimmt.

Graz, 1870.

Ulrich Moser's Buchhandlung.

Wenn man von der Murbrücke weg die Hauptstraße verläßt, um auf kürzerem Pfade zur Stadt
Judenburg hinauf zu gelangen, so muß man den
Weg einschlagen, welchen der Volksmund mit dem
romantischen Namen „zum umgehenden Thürl" bezeichnet.

Wenn der wißbegierige Wanderer auf der Höhe
angelangt ist, möge er seinen Blick auf das erste
Gebäude zur rechten Hand werfen. Dieses Haus
(alt. Nr. 43, neu. Nr. 50), derzeit dem hochacht-
baren greisen Bürger von Judenburg Herrn Franz
Müller gehörig, hat historische Bedeutung, denn
es bildet den spärlichen Ueberrest des im J. 1420
hier begründeten h. Geistspitales.

Die Geschichte dieser Stätte ist wenig bekannt,
eine Erzählung derselben wird daher Freunden der
Vaterlandskunde nicht unwillkommen sein, zumal
sich hiebei Gelegenheit finden wird, manche bisher
ganz unbekannt gebliebene Daten zur Geschichte
der Stadt Judenburg anzufügen und gleichzeitig
der jetzigen Welt in Erinnerung zu bringen, welche
wichtige Bedeutung diese Stadt in alter Zeit hatte.
Zu diesem Zwecke möge es auch gestattet sein, bevor wir an den eigentlichen Vorwurf unseres historischen Exkurses gehen, einen raschen Ueberblick
auf die alte Geschichte der Stadt zu werfen.

Judenburg ist eine uralte, schicksalsreiche Stadt,
das ist bekannt. Ihre Geschichte ist viel älter, als
ihr Name. Ohne Zweifel hatten hier bereits lange
vor Christi Geburt die alten Keltogermanen eine
größere Niederlassung, da sich der Platz von Na-

1 *

tur aus ganz ausnehmend hiezu eignet, insbesondere wenn es darauf ankömmt, ihn fest, sicher und vertheidigungsfähig zu machen.

Wie ein Vorgebirge in das Meer hinein, so ragt hier ein ziemlich hoher Hügel, als Ausläufer des Hochthales, in das tiefere Thal hinein und fällt fast nach allen Seiten schroff ab, auf der einen Seite von den Fluthen der Mur bespült, auf der andern durch eine schluchtartige Einsenkung, die der Weirerbach berieselt, von der waldigen Bergeslehne geschieden und nur in jener Richtung, wo die Landstraße von Kärnten herzieht, offen in gleicher Ebene gelegen. Doch darf man sich diese keltische Niederlassung nicht als eine abgelegene, vereinzelte Wohnstätte denken, sondern vielmehr als eine zugängliche und oft besuchte, denn sie lag an einem der vielbeschrittenen norischen Saumpfade, deren es nicht wenige schon in den ältesten Zeiten gab. Unsere Obersteiermark war nämlich schon damals nicht blos in ihren Hauptthälern, sondern auch zwischen die Bergthäler hinein zahlreich besiedelt und von einem freien, kräftigen und keineswegs unkultivirten Volke bewohnt, wovon, wenn nichts anderes, der norische Stahl Zeugniß gibt, dessen weltbekannter Ruhm schon dem Dichter Horaz Gelegenheit zu einer allgemein verständlichen poetischen Anspielung gab. — .

Die erste historisch bekannte Störung des heimatlichen Friedens brachten die wilden Cimbern in unsere Gegend. Wenige Meilen von Judenburg entfernt wurden die Römer von ihnen geschlagen (bei Noreja 113 v. Chr.), aber der verwüstende Barbarenstrom rauschte alsbald weiter gegen Westen hin. Um die Freiheit und nationale Selbstständigkeit kam unser Land erst 100 Jahre später

durch Roms Ländergier und Eroberungstrieb. Es
war nicht auf einen raschen Plünderungszug ab=
gesehen, um beutebeladen auf Nimmerwiederkehr
zu verschwinden, sondern es galt einer weit aus=
schauenden Politik zu dienen, nämlich Oberitalien
mit den römischen Burgen und Ansiedelungen der
Donau entlang bis Passau hinauf durch einen
gesicherten Straßenzug zu verbinden. Langsam,
aber unaufhaltbar drangen daher die römischen
Legionen mit ihrer bekannten Zähigkeit durch un=
sere Alpenländer vor. Die alten Keltenpfade wa=
ren ihre sicheren Wegweiser. Der Widerstand der
Bewohner, so blutig er auch war, blieb fruchtlos.
Der furchtbarste Kampf fiel eben wieder von Ju=
denburg weg kaum einen Militärmarsch weit bei
Noreja vor, und als Nachwehe dieses Verzweiflungs=
kampfes mag auch die Stätte von Judenburg der
Verheerung so arg anheimgefallen sein, daß die neue
römische Ansiedlung nicht wie bei anderen Orten
den alten keltischen Namen latinisirt der Nachwelt
überlieferte, sondern unter neuem echt lateinischen
Ausdrucke montana castra (Lager am Berge) er=
scheint. Mit den neuen Ansiedlern erhielt unsere
Stätte bald eine große Wichtigkeit; denn auf
der römischen Heerstraße zogen gar bald auch die
sicheren Saumthiere hin und her, beladen mit der
friedlichen Last der Handelsartikel, und es gestal=
tete sich hier ein Hauptstapelplatz für den Tran=
sitohandel der Lateiner. Judenburg bildete den
Knotenpunkt für drei vielbesuchte Handelswege,
der eine führte über die Stubalpe nach Voits=
berg und in das Grazerfeld zu den panonischen
Weinbergen, der andere über Kraubat und
Trofaiach zu dem altnorischen Erzlager des
Innerberges, der dritte zweigte nicht weit von der

Stadt entfernt von der italienischen Hauptstraße ab und führte in die Silbergruben von Zeiring und von dort weiter über den Rottenmannertauern einerseits nach der nahegelegenen Salzquelle zu Hall bei Admont, anderseits zu den Salzbergwerken der Hallonen in Oesterreich und an die Donau.

Etwa drei Jahrhunderte dauerte unter dem Flügel des römischen Legionsadlers der ruhige und gedeihliche Zustand des Landes, dann brach der Sturm der Völkerwanderung herein und hauste ebensolang in unserer Mark in furchtbarer Weise.

Wie ein wüthender Bergstrom Bäume und Felsen mit sich fortwälzt, so hatte die Kriegswuth der Avaren die Slaven mit sich geschleppt und endlich hier abgelagert. Diesen gefiel es zwischen unseren gesegneten Bergen, und als ein Ackerbau treibendes Volk verstanden sie es, dem dankbaren Boden reiche Ernten abzulocken; aber sie blieben kaum ein Jahrhundert im ruhigen Besitze. Fortwährende Kämpfe mit den Franken auf der einen, mit den Avaren und Ungarn auf der anderen Seite rieben die Bewohner fast gänzlich auf und verheerten das Land derart, daß alle Erinnerungszeichen an die älteren Bewohner fast gänzlich verschwanden.

Von der norischen und von der slavischen Zeit blieben einige Fluß- und Berg- wenige Ortsnamen im Gedächtnisse des spärlichen Restes der Einwohner. Von der Römerperiode haben wir auch sonst nichts, als, mit Schutt und Erde bedeckt, einige umgestürzte Steindenkmale und Grabsteininschriften.

Dann wanderte in das veröbte Land von Baiern

her wieder germanisches Volk und nahm es gleich=
sam als Hinterlassenschaft von stammverwandten
Ahnen in Besitz. Um die Erbschaft der Lateiner
aber, d. i. um die Handelschaft, meldeten sich die
Lombarden und ihre Geistesverwandten die
Juden.

Da kamen die alten römischen Handelswege
wieder zu Ehren und erlangten ihre alten Vor=
rechte. Wohl hatten die Stürme der Völkerwan=
derung die Mauern der Montana castra hinweg=
gefegt und wenn etwa der Slave dort sich in
den Ruinen eingesiedelt hatte, auch diesen Rest
und selbst den Namen desselben vernichtet; aber die
günstige Lage, welche die Natur gegeben hatte,
konnte nicht zu Grunde gerichtet werden. Wie die
Schwalben, im Frühlinge zurückgekehrt, auf der=
selben Stelle das Nest wieder bauen, wo ihnen
das alte während der Winterszeit zerstört worden
war, so baute sich der Handel beim Eintritte von
Frieden und Ruhe an der alten Stätte ein neues
Nest. Ein neues reges Leben beginnt, und wir
dürfen uns nicht wundern, daß dieser Ort nach
denjenigen seinen Namen erhält, welche zuerst in
größerer Zahl sich dort festsetzen und demselben
seine Bedeutung erwerben. Wenn auch der Name
Judenburg bisher urkundlich erst für das Jahr
1075 vorkömmt, so ist dies nur zufälliger Weise
nicht anders; denn damals erscheint es schon
als ein bedeutender Ort und bestand wahrschein=
lich bereits seine zwei Jahrhunderte. Wie der
Name besagt, war es ursprünglich eine Burg der
Juden und dieses Volk gegen die anderen Bewoh=
ner in der Ueberzahl. Wer hätte die Juden auch
hindern sollen, sich an diesem bequem gelegenen
Straßenknotenpunkte anzusiedeln, da sie, mit kai=

serlichen Schutzbriefen versehen, es gewiß nicht versäumt haben, sich dem Gaugrafen von Krauwat und anderen mächtigen Landesedlen durch reichlichen Zins angenehm zu machen? Waren ja doch auch die eingewanderten Baiern ebenso, wie die Nachkommen des eingebornen Volkes ohne den nöthigen Schachergeist, ohne Geldmittel und ohne auswärtige Beziehungen, um die Mäkler- und Krämerrolle mit Erfolg zu übernehmen. Hierauf aber verstand sich der zähe und schlaue Hebräer ganz vorzüglich; so wie er es auch nicht versäumte seiner Gelegenheit wahrzunehmen, durch pfiffige Geld- und Leihgeschäfte die Ritter und Herren, geistlichen und weltlichen Standes, in seine Hand zu bekommen. So finden wir denn in jener Zeitperiode, wo für uns die urkundlichen Quellen reichlicher zu fließen beginnen, im 14. Jahrhunderte, kleine und große Leute mit den Juden in finanziellen Verwicklungen stark befangen, von denen wir einige Beispiels halber aufführen, weil Juden von Judenburg dabei die Hauptrolle spielen. Da ist Heschel der Jude, der sammt seinen Compagnons eine Forderung von 100 Mark Silbers an das Stift Admont (1329) auf 500 Mark hinaufzuschrauben versuchte. Der Bischof von Lavant steckte in den Krallen der Juden David und Höbßel (1340 und 1343). Die Juden Haslein, Velchlein, Asserlin und Freudmann hingegen genießen des besonderen Schutzes von Herzog Albrecht II. (1357); sicherlich wußte dieser, warum? Dem Juden Haslein schulden zu derselben Zeit die Görzer Grafen Meinhard und Heinrich 1800 Mark Aglajer Pfenninge und dem Juden Hänsel das Stift Admont gar 5000 Gulden. Im 15. Jahr-

hundert macht sich Isserl der Jud von Juden=
burg und dann Habel und Jonas (1406),
später wieder Seckhol mit seinen Gesellschaftern
den Jaer, Nissin, Leser und Lampl von
Graz und dem Muschl von Voitsberg, dann der
Judenburger Jude Kever, Merchlein's Sohn
in Geldgeschäften stark bemerkbar.

Wir wollen uns an diesen Beispielen genügen
lassen, wie auch die christlichen Leute in jener
Zeit nicht selten von den Juden genug bekamen.
Zwar stellte sich die religiöse Abneigung nicht
immer in gleicher Schroffheit heraus, doch gab es
von Zeit zu Zeit größere Aufregung unter den
Christen und namentlich im 14. Jahrhunderte,
wo sich der jüdische Wucher und der Druck einer
rücksichtslosen Geldmacht bereits allzufühlbar ge=
macht hatte, ergriff der sociale Neid und Haß
gierig den Deckmantel der Religion, um in
unzurechtfertigenden Ausschreitungen gegen Schul=
dige und Unschuldige auf das Greulichste zu
wüthen. Auch in Judenburg hat es derartige
Stürme gegeben, wenn auch nicht so gräßlich wie
in anderen Ländern, aber doch arg genug, um
manche jüdische Familien zur Auswanderung zu
bringen, wie sich dies aus gewissen landesfürst=
lichen Dekreten erschließen läßt (1312 und 1371).

Von dem Reichthume, der in Judenburg ange=
sammelt war, kann man sich am besten aus der
Thatsache einen Begriff machen, daß im 15.
Jahrhunderte daselbst 22 Großhändler etablirt
waren, von denen ein jeder ein baares Vermögen
von 100.000 Gulden besaß, außer diesen gab es
noch 38 andere Kaufleute, von denen ein jeder
mindestens 50.000 Gulden Vermögen ausweisen
konnte. Diese Kaufleute gehörten nicht alle dem

Stamme Israels an, aber doch dürfte dies bei
der Mehrzahl der Fall gewesen sein. Eine ziem=
lich lange Gasse, fast die ganze Nordseite der
Bergeshöhe entlang, doch etwas tiefer als die ei=
gentliche Stadt gelegen, gehörte ganz den Juden
und hieß auch Judengasse („im Gehag"). Es
war dies aber kein Ghetto, sondern es wohnten ein=
zelne Juden auch auf anderen Plätzen der Stadt,
so hieß z. B. das alte „Prawhauß" früher
Judenhaus. Wenn aber von eigenen Judenrichtern
gesprochen wird, so darf man nicht meinen, daß
dies Juden gewesen seien, denn Herbard von
Pfaffendorf (1308) Hans von Pfaffendorf (1405)
Thomas von St. Lambrecht (1406) Melchior von
Smutzer (1437) und andere, welche diese Stelle
bekleideten, waren edle christliche Herren aus der
Nachbarschaft oder auch zu Judenburg seßhaft.
Denn so wie die Herzoge ihre Burg daselbst hatten
und insbesondere herzogliche Witwen (namentlich
Theodora 1233, Gertrude 1259 und Maria 1598)
ihren Witwensitz dort aufzuschlagen liebten, so
war Judenburg auch nicht selten der Versamm=
lungs=, Berathungs= und Unterhaltungsort für
den zahlreichen Adel der Umgegend.

Auch an Berühmtheiten geistlichen Standes
fehlt es nicht. So lebte dort längere Zeit (1451)
der weltbekannte Franziskaner J o h a n n K a p i=
s t r a n und schrieb (1455) von seiner ärmlichen
Zelle im Franziskanerkloster aus die Aufforderung
an Papst Calixt III. den Kreuzzug gegen die Tür=
ken anzuregen. Die bezeichnete Zelle wurde noch
im 18. Jahrhunderte in ihrem alten Zustande
erhalten und als historische Merkwürdigkeit ge=
zeigt. In eine noch viel frühere Zeitperiode fällt
eine bisher noch wenig bekannte dichterische Per=

sönlichkeit, nämlich G u n b a ch e r von Judenburg (wahrscheinlich Franziskaner-Mönch), der als Klop= stock's Vorgänger (500 Jahre voraus) eine Mef= siade dichtete, nämlich ein gereimtes Epos von „Christi Leben, Lehre, Tod und Auferstehung", (15000 Verse auf 394 Quartseiten).

Hat uns das bisher Erwähnte einige Conturen zu einer historischen Skizze unserer Stadt gegeben, so müssen wir schließlich noch einmal auf den Punkt zurückkommen, welcher derselben Bedeutung, Werth und den höchsten Glanz verleiht, auf den H a n d e l. Stand dieser bereits vor dem 13. Jahr= hunderte nach Venedig und Wien in hoher Blüthe, nach Venedig mit Eisen und anderen steierischen Natur= und Rohprodukten, nach Wien mit vene= tianischer Seide, Sammt, Gold, Edelsteinen, Glas= waaren u. a.; so lag doch die Bedeutung des Handelsplatzes und die Quelle seines Aufschwun= ges und Reichthums in den uralten schon von den ersten Babenbergern bestätigten Privilegien, daß das Eisen vom Innerberg nur bis nach Juden= burg geführt werden durfte und dort verkauft werden mußte, so wie auch daß die Venediger mit ihrer Waare nicht über die Stadt hinaus= fahren durften, und niemand daselbst ohne Bewil= ligung der Bürgerschaft Handel treiben durfte. Lag in diesem Straßenzwange für eine bestimmte Waare, in dem Rechte des Vor= und Ankaufes derselben nicht nur die Macht, die Preise zu be= stimmen, und die Möglichkeit sich in kurzer Zeit zu bereichern; so war in dem Rechte, daß hierorts allein die landläufige Münze eingewechselt werden konnte, noch mehr Gelegenheit geboten, ohne gro= ßes Risiko Gewinn zu ziehen. Man denke nur,

welche Waarenmassen in der Stadt aufgestapelt
wurden, und welche Geldsummen diese repräsen=
tirten, wie oft der Münzenwerth geändert wurde,
und wie die Kaufleute für die italienische Waare
italienisches Geld, und die Wälschen für die deut=
schen Produkte der deutschen Münze bedurften, ja
sogar absichtlich suchten, um sie wieder auszufüh=
ren; da unsere steierische Münze, die schwarzen
Pfenninge (Schinderlinge) von 1435 bis 1457
ausgenommen, stets viel besser und gewich=
tiger war, als die ausländische, namentlich die
wälsche. Und was gab es da für verschiedene
Münzsorten, die selbst bei gleichen Namen ver=
schiedenen Werth hatten, da jedes Land und so=
gar manche Stadt ihre eigene Münze hatte. Um
nur z. B. von Silbermünzen und von Italien
zu reden, gab es da venetianische, mantuanische,
parmesanische, mailändische, savoische, genuesische,
florentinische Kronen, die von 6 fl. 11 kr. bis 6 fl.
36 kr. im Werthe wechselten, dann als kleinere
Münzen, die Doppelzwölfer, einfachen Zwölfer,
(Pauliner, Bononier) Mozanigos, einfache Mar=
zellen, Oetschvierer, die Bagadins, Soldins, Pe=
täkhen, die einfachen und doppelten Libernikh
u. s. w. Wenn man die vielen Münzgenerale des
16. Jahrhundertes beachtet, kann man sich erst
eine Vorstellung machen, welche Sorge der. Re=
gierung die Einschleppung schlechter Münzen in
das Land und die Ausschmuggelung der guten
machte und wie sie fruchtlos das ganze Jahrhun=
dert hindurch gegen die Schliche und Praktiken
kämpfte, welche Händler und Geldwechsler mit
der raffinirtesten Schlauheit übten, und doch waren
damals schon die Juden aus dem Lande vertrie=

ben. Aber auch, abgesehen von etwaigem unredlichen Gebaren einiger, mußte das Wechselgeschäft an und für sich reichlichen Profit gewähren. Hat man aus dem bisher Gesagten schon entnehmen können, daß ein reges, bewegtes Treiben die Straßen der Stadt belebt haben muß, so mag noch ausdrücklich erwähnt werden, daß man sich das alte Judenburg als einen zahlreich bevölkerten Ort vorstellen muß. Um nur einen Anhaltspunkt zur Beurtheilung zu geben, sollen aus einer Urkunde vom Jahre 1452 die vornehmsten Meister des Fleischhauergewerbes aufgezählt werden, nämlich: Johann Fleißecker, Michael Gerold, Heinrich Stöger, Nicolaus Fleisacker, Wolfgang Gayser, Johann Link, Kaspar und Andrä Fleisacker, und diese 8 Meister waren lange nicht alle. In einer anderen Urkunde vom J. 1491 werden als solche genannt: Christoph Emering, Andrä Aegyd Sandhaß, Thomas Hueber, Oswald Gerold, Johann Gayser, Bartholmä Schüfferl, Georg Kemmer, Rupert Fündsinger, Walther Mayer. Man berechne nun, wenn damals so viele Fleischhauermeister existiren konnten, (jetzt gibt es dort vielleicht 2 bis 3), wie viele Leute dieses Handwerkes bedürfen mußten; und doch war es zu jener Zeit schon gestattet, — entgegen dem 1302 gegebenen Privilegium, daß innerhalb einer Meile um die Stadt kein Fleischhauer oder Lederer, der nicht ein Judenburger Bürger war, das Handwerk betreiben solle, — daß von Martini bis zum Fasching am Samstage Jedermann Fleisch und Brot zum Kleinverkaufe in die Stadt bringen durfte.

Wir finden also Judenburg im 15. Jahrhunderte als reichbevölkerte, von Bürgern, Kaufleu-

14

ten, Großhändlern, Geldwechslern, Edelleuten, von Juden und Christen bewohnte, besuchte und geehrte Stadt.

Wo viel Licht ist, da fehlt es aber auch nicht an Schatten, und wo der Reichthum sich stolz erhebt und breit macht, fehlt es auch nicht an dem berechtigten Jammer der Armuth. Ohne Zweifel haben die israelitische Humanität, die anerkannt keinen ihrer Leute verkommen läßt, und die christliche Nächstenliebe das ihrige gethan, das schwere Los der Dürftigen und Erwerbsunfähigen zu erleichtern; denn es lag ja in dem Geiste jener Zeit, die Nächstenliebe thatkräftig zu üben, so daß sie nicht bloß vorübergehend einen lichten Strahl in die dunklen Schlupfwinkel des Elendes zu werfen, sondern daß sie dem herben Lose die Spitze dauernd abzubrechen suchte. Als das beste Mittel hierzu erschien dem Wohlhabenden die Gründung und Stiftung von Hospitälern, d. i. von Armenhäusern und von Lazarethen. Der Segen solcher Stiftungen aus dem 12., 13. und 14. Jahrhunderte reicht in einigen Fällen bis in unsere Zeit. Der Name des Stifters erlosch, selbst von seinem Geschlechte gedenkt keiner mehr desselben, aber manche Stiftung lebt, und bietet als immer frischer Quell der niemals aussterbenden Armuth eine Hilfe und eine Zuflucht.

Von einer solchen echtchristlichen Stiftung und ihren Geschicken wollen wir nun auf Grund alter, bisher wenig beachteter Quellen das Nähere berichten, von der Stiftung des h. Geistspitales zu Judenburg im Jahre 1420. Ihr Gründer ist der edle, reichbegüterte Ritter Hanns Greißenegger. Ein Sohn des Bernhard Greißenegger, ein Neffe Leonhard, des Harrachers, ein Freund

des Hanns von Laun, der mit den Hanauern
das Spital zu Voitsberg stiftete, und versippt
mit den edelsten Geschlechtern des Landes, stand
er als Kammermeister Herzogs Ernst von Öster-
reich bei demselben in hohem Ansehen.

Die weitläufige Burg Eppenstein in der
Nähe von Judenburg war nach dem Tode des
letzten Eppensteiners (1090) dem Landesfürsten
anheimgefallen, bald als Pfand, bald als Beloh-
nung an verschiedene Große des Landes überge-
gangen und damals im Besitze des von Greiße-
negg. Dort wohnte er mit seinem jüngeren Sohne
Andreas, seinen Erstgeborenen Tibolt hatte er
leider vor sich in das Grab sinken gesehen.

Der vorzeitige Tod dieses hatte ihn der Ver-
gänglichkeit alles Irdischen gemahnt, und den
Gedanken an das eigene Lebensende und was
darauf folgt, in der Seele wachgerufen. Es ist
dies eine charakteristische Erscheinung jener ver-
gangenen Periode, welche man die der Stiftung von
Kirchen, Klöstern und Spitälern nennen könnte,
daß man das eigene, der Familie und des ganzen
Geschlechtes Seelenheil mit Ernst erwog, und zu
dem Zwecke, daß die Seele nach ihrem Abscheiden
der göttlichen Barmherzigkeit würdig erscheine,
ganz besonders und eigens ein gutes Werk that,
und vor allem, daß man für einen jährlichen
Gedächtnißtag mit Gebeten und Meßopfer sichere
Voranstalt traf.

Diese fromme Sinnesweise führte auch den
Greißenegger (1420) zur Gründung des Spitales,
aus dessen Stiftungsurkunde (Eppenstein am St.
Jakobstage 1425) wir jene Worte folgen lassen,
die geeignet sind, über den Geist des Stifters und
seine Absichten Aufschluß zu geben:

„Ich Hanns der Greißenegger bekenne für mich
und alle meine Erben und offenbare zu einer
ewigen Gebächtnuß allen glaubhaftigen Leuten der
Mutter der heil. Christenheit (o. h. den Gläubigen
der christl. Kirche), denen der gegenwärtige Brief
vorkommt, daß das Licht der ewigen Ehren, das
mit einer ansehnlichen Klarheit die Welt erleuch=
tet, dann in den Herzen der Gläubigen göttliche
Begierden mit williger Gunst entzündet, wann
ihre demüthige Einfalt mit dem Gebete und der
Gütigkeit der Heiligen gesteuert wird, (d. h. wenn
ihnen die Fürbitte der Heiligen zu Hilfe kömmt.)
So liest man auch in den Geschriften (h. Schrift)
daß nicht die Stätte den Menschen, sondern der
Mensch die Stätte mit seinen guten Werken zu
heiligen pflegt. Daher wir uns sollen erzeigen
willig und gütig zu geistlichen Stätten und
Stiften, indem wir den Gottesdienst und die
Ehre des allmächtigen Heilandes mehren. Und ich
habe sonderlichen bedacht, daß der Menschen Tage
kurz sind auf Erden, und daß nichts gewisser ist,
denn der Tod, und nichts ungewisser, als die Zeit
des Todes, und daß solche Krankheit ist der Welt,
was heute im Wesen ist, morgen fürwahr zu
nichts kommen mag. Da auch nach der Lehre
Gottes ungewiß ist und den Menschen unkund,
wann Gottes Gewalt kommt, des Abends, zu
Mitternacht oder des Morgens, weshalb uns
allen geboten ist zu wachen, da ferner nach des
Zwölfboten (Apostels) Satz: wir werden alle ste=
hen vor dem Gerichte Christi und empfangen,
was wir in diesem Leben gewirkt haben, bös oder
gut, weshalb wir uns vorhin bereiten sollen mit
Werken der Barmherzigkeit und um der Ewigkeit
willen säen auf die Erde, daß wir mit mannig=

faltiger Frucht gesaamen (ernten) mögen in
den Himmeln, wann wir gänzlich in Gott hoffen,
wer im Segen gute Werke thut, der empfaht das
ewige Leben: also bin ich von solchen heiligen
Betrachtungen wegen entschlossen, ein neues Spital
von Grund auf zu bauen und zu stiften" u. s. w.
Ist dieses naive Bekenntniß des gewaltigen
Ritters nicht rührend und ergreisend? Es enthält
den Grundgedanken der christkatholischen Lebens=
anschauung, daß die flüchtigen Erdentage nur
durch den Hinblick auf die Ewigkeit und auf den
gerechten Richter Werth und Ziel erhalten. So
macht er denn getrosten Herzens die Stiftung
des h. Geistspitales „zu Lob und Ehren des heil.
Christ und der heil. Schiedung (Christi Tod) und
zu Ehren der hochgelobten Jungfrau Maria, un=
serer Vögtin, durch die wir sicher zu Gott Zuna=
hung haben." Der weitere Zweck dieser Stiftung
sollte sein: „allen Sündern zu Ablaß der Sünden"
und endlich „zum Seelenheile aller seiner Vor=
vordern und ihm selbst zu Hilf und Trost."

Zunächst fällt auf, da doch das Spital zu
Ehren Jesu Christi und Mariä geweiht wurde,
wie es den Namen h. Geistspital erhalten
konnte. Diese Bezeichnung war für Spitäler sehr
beliebt und findet sich oft, z. B. zu Wien (1211)
zu Grätz (dieses bestand bereits vor 1320), zu Voits=
berg (1444) und an anderen Orten. Sie schreibt
sich von dem uralten h. Geistspital zu Rom her,
das Papst Innocenz III. (1198 gewählt) neu
erbaute und so vergrößerte, daß dessen Großar=
tigkeit noch heutzutage weltberühmt ist. Dort aber
hatte man die Bezeichnung und Widmung aus der
christlichen Anschauung genommen, daß der heil.

Judenburg.   2

Geist es ist, der dem Menschen den Geist der Liebe und Barmherzigkeit einhaucht.

Wenn wir die Stiftung näher ansehen, so finden wir, daß sie verschiedene Seiten und Zwecke hat, nämlich zuerst die Unterkunft und Verpflegung armer Leute, dann die Stiftung eines jährlichen Gottesdienstes, wofür nach der Sitte der Zeit ein eigener Priester zu bestellen kam, endlich noch die Erbauung einer eigenen Kapelle für diesen Gottesdienst, in welcher Kapelle auch das Begräbniß des Stifters und seiner Nachkommen errichtet werden sollte.

Für alle diese Zwecke mußten die Geldmittel beschaffen und gesichert werden. Was vorerst den Ort des Spitales betrifft, war Greißenegger mit dem Judenburger Bürger Peter Parch und seiner Ehewirthin Magdalena im Jahre 1420 in Unterhandlung getreten. Diese traten ihr Haus, Steyrhof geheißen, in dem „Gehag" zu Judenburg, wozu noch ein Baumgarten und ein anderes Haus gehörte, gegen dem ab, daß ihm Greißenegger hiefür drei Theile eines Hauses, welches derselbe in der „Purch" zu Judenburg besaß, zur Bewohnung und vollen Nutznießung auf Lebenszeit überließ. Nach Abschluß dieses Vertrages wurde der Bau des Spitales und der Kapelle alsogleich begonnen, und da er 1425 vollendet war, wurde der Stiftsbrief verfertigt und es trat die Stiftung in's Leben. Peter Parch segnete bald darauf das Zeitliche und die kinderlose Witwe vermachte (1429) ihr Vermögen dem Landesfürsten.

In Beziehung auf die Bewohner des Spitales bestimmte der Stiftsbrief: „Es sollten sechs arme Edelsmensch (Adelige) Mann und Frauen sein,

die in dem oberen Theil des Spitales ihre Woh=
nung haben, und sechs gemeine arme Menschen,
Mann und Frauen, die in dem unteren Theil
sollen stätiglich sein, die alle vor Krankheit ihres
Leibes ihr Nahrung mit Diensten (hier ist edel=
männischer Dienst gemeint), oder Arbeit nicht zu
gewinnen mögen (vermögen). Diese sollen auch
lauterleich (lediglich) um der Liebe und um Got=
teswillen aufgenommen werden.“ — Es wird
daher auch ausdrücklich bemerkt, daß weder die
Erben noch der Spitalmeister um der Aufnahme
willen eine „Muethe oder Schenkung“ annehmen
dürfen. Auch sollte es niemanden gestattet sein,
eine Pfründe in demselben zu verkaufen, oder
durch Kauf oder Tausch zu erwerben.

Was die Speisung betrifft, wurde angeordnet,
daß die adeligen Personen täglich haben sollten
„des Morgens zwei Essen von Fleisch und ein
Gemüse und des Abends zwei Gemüse und ein
Essen von Fleisch und jede allemal ein Viertl
Wein auf einen Salzburger Viertl, das da heißt
ein Maßl. Den gemeinen armen Leuten unten
im Spital soll man auch alle Morgen geben ein
Essen von Fleisch und ein Gemüse und zu Abend
zwei Gemüse und jedem des Tages ein Maßl
Wein und des Nachts ein Maßl Bier und zwi=
schen den Mahlzeiten Käse und Brot.“

Wenn aber einer von den armen Leuten stürbe,
oder sonst ein Platz frei würde, so soll gleich
innerhalb der nächsten vier Wochen ein anderer
aufgenommen werden, damit die Zahl zwölf
immer voll bleibe.

Die Bestätigung der Stiftung durch Erzherzog
E r n st fand noch in demselben Jahre statt, als
aber der Greißenegger noch weiter bat „das

Spital mit etwas Gnade und Freiheiten zu begnadigen und zu versichern", fand sich der Erzherzog auch hiezu gerne bereit. Die hochherzige Antwort lautete: „Da es unserer fürstlichen Würdigkeit wohlgeziemt und zugehört, zu erhören allezeit gnädiglich ihrer Getreuen redliches und gerechtes Bitten um alle ehrbaren Sachen und sonderlich solche, die Gott berühren, und da wir auch billig trachten und sehen sollen, mit der Hilfe Gottes, so viel wir vermögen, nach solchen Wegen, die uns Heil und Seligkeit bringen, da unser Gedächtniß mit scheinigem Lob, beides, vor Gott und den Menschen nicht bleiben kann, außer wenn wir alle zergängliche Habe verwandeln in immerwährendes und ewiges Lob, was doch nicht anders geschehen mag, als mit solchen guten Werken, durch die Gottes Ehre und unser Heil gemehrt wird hier auf Erden, und davon wir auch Gottes Anblick fröhlich beschauen werden nach diesem zergänglichen Leben und wir dadurch mit Andacht erweckt und geweiset sind, daß wir andächtiglich und mit ganzem Fleiße unserer Vernunft um Gott und um aller unserer Vorvordern Gedächtniß und um unseres Seelenheiles willen dem besagten Spitale Gnaden und Freiheiten geben wollen."

Diese Freiheiten waren: Der Grund, worauf das Spital erbaut wurde, sollte von allen Steuern, Diensten und anderen Forderungen frei sein, dazu gehörte auch „die gefürstete Freiheit um alle Erbsachen." Ferner wurden befreit alle Güter, die zum Spitale gestiftet waren oder würden. Nur in dem Falle, wenn dasselbe durch Feuersbrunst, Theuerung, Krieg oder andere Noth zu Schaden käme, dann könnte auf die dazu gehörigen Unterthanen eine „beſcheidenliche Steuer gelegt werden, jedoch ſo, daß ſie den Leuten nicht zum Verder= ben diene und zu nichts anderem, als zum Beſten des Spitales verwendet werde.“

Als eine beſondere Gnade wurde bewilligt, daß für den Bedarf des Spitales „ewiglich“ ſechs Fuder Wein, er mag über den Semmering ein= geführt, oder im Lande eingekauft werden, ſo wie 300 „Vierling Traydt“ mauth= und zollfrei zugeführt werden dürften, inſofern alles zu Speiſe und Trank für die armen Leute verwendet würde. Dieſes Privilegium beſtätigte nachmals (1454) Kaiſer Friedrich IV. dem Sohne des Stifters, ſeinem Kämmerer und Pfleger zu Klamm am Semmering, Andreas Greißenegger, und gewährte noch dazu die Begünſtigung, wenn kein Getreide zugeführt würde, ſtatt deſſen die Einfuhr von 100 Saum Moſt, oder Wein mauthfrei zu laſſen.

Um ſich hievon richtige Vorſtellungen zu machen, dürfte es nicht überflüſſig ſein, einiges zur Er= klärung beizufügen. Unter Saum (provinziell „Samb“) verſteht man die Laſt, die ein Pferd, oder Maulthier auf ſeinem Rücken trägt. Dieſe Art von Waarentransport, welche noch hie und da in den hohen Gebirgspäſſen der Centralalpen üblich iſt, war durch die Steilheit der Straßen und durch den ſchlechten Zuſtand derſelben noth= wendig. Hiedurch wurde aber auch der „Saum“ zu einem beſtimmten Maße und galt als der vierte Theil eines Fuders, oder einer Wagenlaſt, welche wieder im Durchſchnitte auf 12 Zentner gerechnet wurde. So iſt alſo ein Saum ſoviel als 3 Zentner bei trockenen Waaren, bei Flüſſigkeiten jedoch $2\frac{1}{2}$ Eimer. Da nun z. B. in Schottwien im Jahre 1545 die Mauth oder der Zoll für ein Faß, d. i.

Startin ordinären Landweines mit 7 Schillingen Pfenninge bezahlt wurde, für den wälschen Wein (Rainst, Malvasier) gar mit 2 fl. (1572 mit 8 fl.), so ist nun leicht zu berechnen, was für ein Auslagenersparniß eine solche Mauthfreiheit gewährte. (Nebenbei dürfte es nicht uninteressant sein zu hören, daß man am Semmering einen Saum „Lemoni, Pomeranzen, Margranäpfel, Khösten" mit 17 Kreuzern, einen Saum „Schwebel" (Schwefel) ebenso hoch vermauthete, während für einen Saum „Höffen" (Töpfe) ein „Hafen" in Natura, von einem „bohemischen Wagen mit Glas" 30 Kreuzer, ebensoviel für eine „Venedigische Glastruhen" — ein Gulden für ein „Faß Bücher" eingehoben wurde. Ein „genndter" (gehender) Jude mußte 2, ein reittundter 4 Pfenninge zahlen.)

Wir kehren zu unserer Stiftung zurück. Jede solche hatte einen Lehensherrn, oder Vogt. Bei dem h. Geistspitale behielt sich der Stifter diese Vogtei für sich und seine Erben „die seines Namens und Wappens wären", bevor. Würde jedoch dieses Geschlecht aussterben, so sollte dieselbe an den Erzherzog und dessen Erben übergehen. Das Recht des Vogtes bestand darin, daß ohne seiner Beistimmung weder ein Armer aufgenommen, noch entlassen werden durfte, ebenso hieng auch die Verleihung der geistlichen Pfründe von dem Gutdünken des Lehensherrn ab.

Wie sehr dem Erzherzoge an dem Gedeihen dieser Stiftung lag, läßt sich daraus ermessen, daß er 1421 selbst etwas zur Verbesserung derselben hinzufügte, indem er — nach seinem eigenen Bekenntnisse — „Gott dem Allmächtigen zu Lob, den armen Leuten im Spital zur Beihilfe und seiner Vorvordern seligen Gedächtnisses, seiner und seiner Nachkommen Seelen zu Trost und Heil" dem Spitale die Abgabe schenkte, welchen die Judenburger Fleischhauer dem jeweiligen Landesfürsten jährlich am St. Martinstage zu leisten hatten. Diese bestand in 2 Ochsen, die 6 Pfund Pfenninge werth sein sollten, oder statt derselben im Geldwerthe derselben. Hiefür bedingte sich jedoch der Erzherzog die Abhaltung eines jährlichen Gottesdienstes für alle Zeiten aus, wovon später die Rede sein wird.

Wir kommen nun zur geistlichen Stiftung des Greißenegger's. Daß zu dem Spitale auch eine Kapelle erbaut wurde, haben wir erwähnt. Diese sollte ihren eigenen Kaplan haben, der kein anderes Beneficium übernehmen, keine andere Kirche besorgen dürfte. In Betreff desselben bestimmte der Stiftsbrief, er solle „ein frommer Laien-Priester sein und alle Tage zur rechten Zeit eine Messe lesen ohne Abgang und sollte nicht mehr feiern in der Woche ohne Eehafft Nöthen (ohne wesentliche Ursache), dann einen Tag. Er soll auch mit einem eigenen Hause nahend bei demselbigen Spitale fürgesehen werden, darin er seine Wohnung Tag und Nacht für sich selber haben soll. Er soll auch das Sakrament und das h. Oel in demselbigen Spital stetiglich haben, damit er die armen Leute darin beruhet und mit der Beicht und zu der Gräbnuß und andern Sachen, so dazu gehört, gegenwärtig sei und sonst anderen Niemanden. Er soll auch den armen Leuten den Weihbrunnen und die Speisen am Ostertag weichen (weihen); aber zu taufen oder andere pfarrliche Rechte hat er auf keinerlei Weise zu üben."

Der Kaplan hatte aber mit dem Einkommen des Spitales nichts zu thun, indem der Spitalmeister dieses zu verwalten hatte und ihm aus demselben jährlich 20 Pfund Pfenninge Gehalt, d. i. alle Quatember 5 Pfund im vorhinein auszubezahlen verpflichtet war. Wenn aber der Kaplan nicht täglich eine Messe hielte, ausgenommen einen Tag in der Woche, sollte er, so oft er eine Messe versäumen würde, ein Pfund Wachs in das Spital als Pönale abgeben und zwar ohne Widerrede binnen acht Tagen.

Durch die Stiftung einer Kapelle mit einem Priester entgiengen der Pfarrei jedoch einige Gerechtsamkeiten über ihre Pfarrkinder, daher der Pfarrer, es war dies damals Johann Pru = dentius, in besonderer Weise entschädigt werden mußte. Als Ersatz („Widerlage") derselben über = wies ihm der Stifter die Giebigkeiten eines Hofes in Pfaffendorf bei Maria Buch, wodurch der Pfarrkirche zu St. Nikolai eine jährliche Rente von 4 Pfund Pfenningen zuwuchs. Desgleichen wurde bestimmt, daß das ganze Opfer, welches über 3 Pfenninge in der Kapelle eingieng, dem Pfarrer gehörte, und daß der Kaplan ohne Erlaubniß des Pfarherrn keine Messe, sei es Seelen=, Votiv= oder ein anderes Amt, daselbst singen dürfe. Ge = sungene Messen blieben also das Vorrecht der Nikolaikirche. (Dieser Vertrag geschah unter der Zeugenschaft des Judenburger Stadtrichters Jobst Paimann.)

Aber ein Amt durfte der Kaplan doch in seiner Kapelle singen, nämlich dasjenige, welches sich Erzherzog Ernst für die Uebergabe der zwei Ochsen für jedes Jahr ausbedungen hatte. Am Vorabende des St. Bartholomäustages, der unser Zwölfbote ist — wie es in der Schenkungs = urkunde heißt — soll Abends eine ganze Vigil mit den 9 (langen) Lectionen und den Laudes, Morgens ein Seelenamt gesungen werden und unter dem Seelenamte soll „ein Verkünden und Gedächtniß, wie gewöhnlich, der Vorvordern und Nachkommen" stattfinden. Wenn es nicht geschehen würde, sollte der „Dienst mit den zwei Ochsen" so lange unterbleiben, bis die Messe gesungen worden ist. (Stiftungsbrief vom J. 1421.)

Es ist auch zu erwähnen, daß die Spitalskapelle drei Altäre, einen eigenen Friedhof für die Spitalspfründner und eine Gruft für die Familie des Stifters hatte.

Schon im Jahre 1427 mußte diese die irdische Hülle des Stifters aufnehmen. Kurz vorher war auch Erzherzog Ernst aus dem Leben geschieden. So hatte denn der erste Kaplan Hanns Mühlbach hinlänglichen Anlaß, den heiligen Pflichten seiner Pfründe nach jeder Richtung nachzukommen. Mühlbach war der Sohn eines vermöglichen Bürgers zu Judenburg und konnte daher auch als Wohlthäter seines Benefiziums auftreten. Als er nämlich sah, daß ein Kaplan mit den stiftungsmäßigen 20 Pfund Pfennigen nicht leben könnte, „da die Zeiten täglich schwerer wurden", so wußte er seinen Vater Stefan dahin zu bestimmen, daß dieser zur Besserung der Stiftung 12 Pfund jährlich schenkte. Dieser übergab hiezu sein Haus und Hof sammt Zugehör in Judenburg aber mit der Bedingung, daß für ihn und seine Familie ein kirchlicher Jahrtag mit Vigil und Umgang um das Grab unter dem Gesange des „Placebo" gehalten, dann ein Seelenamt gesungen, zwei Seelenmessen gelesen, endlich ein Lobamt gesungen und ein Gräberumgang mit 6 Priestern gehalten werde. Dafür wurde dem Pfarrer, seinem Gesell-

priefter und dem Schulmeister ein halb Pfund
Pfenninge und jedem der 4 Priester 12 Pfenninge
zugesprochen. Außerdem sollte an diesem Jahres=
tage einem frommen und wohlgelehrten Priester
ein halbes Pfund Pfenninge gegeben werden,
damit er für die Seele des Vaters und der Vor=
vordern 30 Messen spreche (es entfielen also für
jede Messe 4 Pfenninge als Stipendium); von
den Spitalleuten aber sollte jeder an diesem Tage
mit 3 Pfenningen betheilt werden.

Das nächste wichtige Ereigniß für das h. Geist=
spital fällt in das Jahr 1430, wo Papst Mar=
tin V. ein Breve zum Besten desselben erließ.
Von dem Wunsche getragen — heißt es in dem=
selben — daß diese Kapelle mit geziemenden
Ehren besucht werde und daß das Spital selbst,
welches dem Vernehmen nach in seinen Baulich=
keiten sehr herabgekommen (deformatum) sei,
ausgebessert und erhalten werde, und damit die
Gläubigen desto lieber zur Andacht dort zusammen=
kommen und sowohl zur Erhaltung und Restau=
rirung des Spitales und der Kapelle und zur
Anschaffung von Meßkelchen und anderen kirch=
lichen Dingen beisteuern, ferner, damit sie aus
ihren wohlthätigen Gaben ein desto größeres
Seelenheil zu erhalten hoffen; so wurde allen
denjenigen, welche nach Empfang des h. Buß=
sakramentes an dem Festtage des Patrones der
Kapelle und zu Mariä Geburt und die ganze
Octave hindurch die Kirche andächtig besuchen
und für den obgenannten Zweck eine Opfergabe
bringen, ein Ablaß von zwei Jahren und 40
Tagen gewährt.

Aus dieser Angabe mögen auch diejenigen,
welche von dem Wesen des Ablasses nichts ver=

stehen, sich unterrichten, daß die Kirche jederzeit als
erste Bedingung für den Nachlaß der zeitlichen
Strafen w a h r e R e u e, B u ß f e r t i g k e i t und
den Empfang der heil. Sakramente verlangte.
Die Bestätigung der Stiftung durch den Me=
tropolitan Erzbischof von Salzburg Eberhard er=
folgte erst 1438.

In den ruhigen Fortgang der Stiftung und
das ungetrübte Leben der Spitalsbewohner, zumal
derer aus dem Adel, brachte das Jahr 1468 eine
gewaltige Aufregung. A n d r e a s G r e i ß e n e g=
g e r, der Sohn des Stifters, ihr Lehensherr war
mit seinem Landesherrn dem Kaiser Friedrich IV.
in argen Zwiespalt gekommen, und wenn er auch
kein Genosse B a u m k i r c h e r s im Aufstande
gewesen war (was Professor Dr. Krones im
17. Hefte der Mittheilungen des hist. Vereines für
Steiermark gründlich darthut), so scheint er doch auf
eigene Faust den Rebellen gegen den Kaiser gespielt
zu haben, da er 1469 aller seiner Güter verlustig
erklärt wurde und der Kaiser davon einzog, was
er nur immer habhaft werden konnte.

Zu eben dieser Zeit versammelte sich auch ein
großer Theil steierischer Landstände innerhalb fünf
Monaten zweimal zu Judenburg, um den argen
Zuständen, welche Baumkircher's Aufruhr im Lande
geschaffen hatte, mit Ernst und Aufbietung einer
gewaffneten Macht zu begegnen. Der Landsturm
wurde im ganzen Obersteier aufgeboten, Befesti=
gungsbauten anbefohlen und eine strenge Polizei=
ordnung vorgeschrieben. Unter den Unterzeichnern
des Versammlungsprotokolles und des Gelöbnisses
„den römischen Kaiser als landtsfürsten zu ern,
auch lanndt vnd leut ze befriden" befand sich auch
der Greißenegger. Was aber später von ihm geplant

ober geschehen sein mag, ist unbekannt, um so
unerklärlicher steht nun die Thatsache da, daß
derselbe, in das tragische Geschick des Baumkir=
cher's verflochten, mit ihm die Todesart und
Todesstunde theilen mußte. Am St. Georgsabende
1471 wurde ihm zwischen den beiden Murthoren
zu Graz das Haupt abgeschlagen und sein Leich=
nam bei der angrenzenden Minoriten (nun Fran=
ziskaner) Kirche beerdigt. So wurde denn bereits
der zweite Lehensherr nicht mehr in das gestif=
tete Erbbegräbniß zur ewigen Ruhe bestattet. Das
Vogteirecht gieng an den Landesherrn vermöge der
Konfiskation der Güter über, für das Spital
wurde ein kaiserlicher Verweser des Schafferamtes
bestellt, (1491 Ulrich Weiß) und die Stiftung
blieb bis 1500, wo Kaiser Maximilian II. den
Sohn des Andreas, Adrian, begnadigte und ihm
dieselbe mit einem Theile der Familiengüter zurück=
stellte, im Besitze der Regierung.

Wir kommen nun zu jener Sturm= und
Drangperiode des 16. Jahrhundertes, in welcher
das kirchliche Wesen und Leben in der Steiermark
durch mehr als ein halbes Jahrhundert hin aus
dem alten Geleise gebracht wurde. Der volle
Bruch mit der vorausgegangenen Geschichte wurde
insbesondere auch für die religiösen Stiftungen
verhängnißvoll. Auch das h. Geistspital sollte.dies
zu seinem Schaden erfahren.

Es ist merkwürdig, daß es in unserem Lande
kaum ein Menschenalter brauchte, um das Luther=
thum bei allen Ständen einzuführen und so
wirksam zu machen, daß es fast alles katholische
Leben verdrängte. Freilich war der Boden hiezu
fast ein Jahrhundert im voraus zubereitet worden.
Die unglücklichen Zustände und Wirren am geisti=

gen Mittelpunkte der Kirche zu Rom, deren Kunde
nach und nach, und noch dazu durch die gröbsten
Fabeln entstellt, in alle Länder drang und zur
Herabminderung der Achtung führte, die Nachwehen
des zerfallenen Ritterthums im Lande selbst, von
dessen Geiste die Kirchenobern zu sehr erfüllt,
ihrem geistlichen Berufe fremd geworden waren,
die Wegwerfung der hohen kirchlichen Aemter an
unberufene Männer weltlichen Sinnes und Trei-
bens zog die Depravation des Klerus nach sich,
der, weltlichen Genüssen ergeben, seiner geistlichen
Pflichten als Lehrer und als Tugendbeispiel ganz
vergaß.

So waren denn alle Stände kirchlich unwissend
und ungebildet, geistig träge, leiblich Schlemmer.
Viel war von einer Reformation an Haupt und
Gliedern gesprochen worden. Sie kam, aber von
anderer Seite; sie änderte die Lehre, aber nicht
die Sitten. Noch wäre der Verlust des alten
Glaubens nicht so rasch vor sich gegangen, wenn
nicht wie ein hungeriger Heuschreckenschwarm eine
Menge brotloser Magister und Prediger aus dem
Auslande über die gesegneten Gefilde Oesterreichs
hereingebrochen wäre.

In der Steiermark war es gar gut sein, und
mit gewohnter Unverschämtheit nisteten sie sich
bald überall im Lande ein, insbesondere da sie
vom Adel protegirt wurden, der ihre Bekannt-
schaft auf dem lustigen Boden der Universitäten
Deutschlands gemacht hatte. Heiratsüchtige Priester
und aus Klöstern entsprungene Mönche schloßen
sich der Bewegung freudig an, und bevor noch
Bürger und Bauer recht wußten, um was es sich
eigentlich handelte, waren dieselben mit den Schlag-
wörtern „reine Lehre, Wort Gottes, Communion

unter beiderlei Gestalten, Rechtfertigung durch den Glauben, papistische Abgötterei" in eine andere Glaubensmeinung hineingedrängt worden und niemand da, der sich so recht mit Ernst und Kraft der alten kirchlichen Lehre angenommen hätte. Als dies endlich unter Karl II. geschah, war schon eine neue Generation vorhanden, die von Kindheit auf zur neuen Lehre gehörte. und derselben um so standhafter anhieng, weil ihre Prediger, ihre Ortsvorstände, am einflußreichsten aber ihre Lehens= und Grundherren ihr zur Stütze dienten, und wo es Widerstand galt, dazu ermunterten.

Natürlicher Weise war Judenburg nicht die letzte der Städte Steiermarks, in welcher die evangelische Lehre Anhänger fand. Schon im Jahre 1543 hatte sich dieselbe dort festgesetzt, was aus einer „Kriegsordnung" der Stadtbehörde hervorgeht, zufolge welcher wegen der drohenden Kriegsgefahr mit dem Pfarrer Verhandlung zu zu pflegen sei, daß er jede Woche „eine Predigt thue und das Volk ermahne, mit Gebet, schönem Gesang und Psalm zu Gott zu rufen." Noch war es der katholische Pfarrer, an den man das Ansinnen stellte, nach protestantischer Liturgie den Gottesdienst abzuhalten, und wir wissen nicht, wie er sich dieser Anforderung gegenüber verhielt; aber 1574 finden wir schon den gewesenen Pfarrer von Fürstenfeld Thomas Milius als Predikanten des Viertels (Kreises) Judenburg alldort bestellt und von der Landschaft mit 50 fl., später mit 100, dann 200 fl. jährlich subventionirt. 1578 wird, wiewohl die Stadt landesfürstlich ist, auch für Judenburg die Bewilligung freier Religionsübung dem Erzherzoge Karl II. auf dem berühmten Bruckerlandtage abgerungen. Nachdem Milius bisher auf seine Rechnung außer der Predigt auch Schule gehalten hatte, erlangt er 1779 in der Person des Lorenz Aumayer einen Diakon und Schulhalter, der von den Ständen mit 100 fl. besoldet wird. Milius starb 1581, sein Nachfolger wurde der als griechischer Gelehrte bezeichnete Grazer Stiftsprofessor Magister Christoph Frey, (aus Passau gebürtig) der sich dort durch eine am St. Nikolaifeste gehaltene Schmähpredigt unmöglich gemacht hatte. Derselbe berichtete der Landschaft, daß er 1582 in der Fastenzeit 2522 Communicanten gehabt habe, also bereits eine zahlreiche Gemeinde zählte. Bald reichen die beiden Prediger nicht mehr aus, denn wir sehen, daß auch Nikolaus Bittorf, der Schloßprediger zu Reifenstein, in Judenburg ab und zugeht, um dort im Worte Gottes auszuhelfen.

Nach dem Tode des Christof Frey wird Magister Friedrich Latomus (1588) Pastor in unserer Stadt, nachdem er früher Feldprediger in Kreuz und hierauf Prediger an der Stiftskirche zu Graz gewesen war. Die Pfründe (auf 300 fl. landsch. Besoldung erhöht) ist bereits eine der besten in der Steiermark. Während von andern Orten fort und fort Bittgesuche um Gehaltserhöhung oder Unterstützungen bei der Landschaft einlaufen, wissen wir über Latomus, daß er 1592 Geld genug hatte, um sich ein Haus in Judenburg, in der Judengasse gelegen, von Wolf Paradeiser zu Neuhaus anzukaufen. Einer eigenen Kirche hatten sich die Evangelischen schon vor längerer Zeit ohne viele Umstände bemächtigt, nämlich der St. Martinstiftskapelle. Diese stand auf dem schönen Platze vor dem jetzigen

k. k. Bezirksamtsgebäude, es ist aber von ihr seit vielen Jahren keine Spur mehr zu sehen. Eben deshalb wird es passend sein, was uns über diese verschwundene und längst vergessene Kapelle bekannt ist, hier einzufügen. Wulfing Lobinger, Pfarrer in Lobming, später in Judenburg war 1388 der Gründer einer christlichen Bruderschaft unter dem Patronate und Namen des heil. Martin, deren Zweck nebst Gebetsvereinigung zum Troste ihrer Seelen die Pflege der Armen, namentlich der frommen Pilger in das h. Land war. Diese Bruderschaft, thatsächlich noch über den Ruinen der durch eine Feuersbrunst (1383) gänzlich verheerten Stadt errichtet, fand nach dem im Judenburger Stadtpfarrarchive noch vorhandenen Namensverzeichnisse und Urbar große Theilnahme bei den angesehensten Männern des Adels und der Geistlichkeit in der ganzen Nachbarschaft, sie hatte ihren eigenen Kaplan, reichliches Einkommen und erbaute sich die genannte Kapelle für ihre gottesdienstlichen Zwecke. Als im Jahre 1480 wegen des mörderischen Einfalles der Türken ein panischer Schrecken ganz Steiermark ergriffen hatte, und die Clarisserinnen aus ihrem Kloster im Paradeis, das unbeschützt außerhalb der Befestigungsmauern lag, in die Stadt geflüchtet waren, wies ihnen Friedrich IV. die Martinikapelle als zeitweilige Kirche und „seine Burg", Haus, Thurm und Garten bei der genannten Kirche „im Winkel an der Stadtmauer" gelegen (jetzt das Wößische Haus) zur Wohnung an, mit der Erlaubniß, ganz dort zu bleiben, wenn es ihnen so gefiele. Allein diese zogen bei gesicherten Zeitläuften wieder in ihr Paradeis und die Kapelle kam wieder in den Besitz der Bru=

derschaft, bis diese (nach 1545) durch die Aus=
breitung des Lutherthums aus Mangel an Mit=
gliedern erstickte. Die herrenlose Kapelle wurde
lutherisch gemacht, die zerrüttete Pfründe wegen
Steuerrückständen von der Landschaft gepfändet
und 1596 ohne weitere Umstände eingezogen.
Nach der katholischen Reformation der Stadt (1600)
wurde zwar die Kapelle und was etwa von Ein=
künften wieder flüssig gemacht werden konnte, in
die Hände der Katholiken gegeben, aber die alte
Bedeutung konnte nicht mehr erlangt werden. In
Folge der josephinischen Reformen gieng der spär=
liche Rest des Vermögens derselben an das Armen=
institut über, welches das Gebäude in ein Theater
umwandelte. In dieser sonderbaren Metamorphose
traf es der furchtbare Stadtbrand 1807 und zerstörte
es derart, daß man, statt an den Wiederaufbau zu
gehen, es vorzog, die Ruine wegzuräumen und
den Platz zu ebnen.

Wir kehren zur Reihe der lutherischen Predi=
ger, oder vielmehr Pastoren, zurück, denn so
nannten sich dieselben wegen der Vornehmheit
der Pfründe und weil sie als Prediger des gan=
zen Viertels Judenburg eine Art Superintendur
ausübten. Dem altersschwachen Latomus wurde
im Jahre 1594 in der Person des Simon
Sangerusius ein Stellvertreter gegeben,
bis man ihn 1597 ganz pensionirte, (er starb
1598) und den Magister Sebastian Friesenegger
zum Pastor machte. Auch Sangerusius hatte die
Mittel sich 1594 in Judenburg ein Haus von
der Frau Anna von Stubenberg zu kaufen,
wenn nicht etwa hier, wie es zuweilen vorkam,
ein Kauf nur zum Scheine, eigentlich aber eine
Schenkung vor sich gieng. Diese Dame, eine geb.

Trautmannsdorf, war nämlich eine große Gönnerin des evangelischen Kirchenwesens und legirte eben in demselben Jahre an die Stiftsschule zu Graz 1000 fl. zur Gründung eines theologischen Stipendiums, welches auf ihre Präsentation nachmals (1600) an Herrn Polykarp, einem Sohne des hochgelehrten Edlen Dr. Georg Stürgkh verliehen wurde.

Auch Friesenegger, von Deutsch=Landsberg gebürtig, hatte ein ähnliches Stipendium (60 fl. jährlich) von der steierischen Landschaft genossen und mit demselben drei Jahre zu Jena unter der Verpflichtung studirt, nach Vollendung der Studien seine Dienste dem Lande zu widmen. Er war dann nach seiner Ordination 1592 zur zeitweiligen Supplirung eines Präceptors an der Stiftsschule zu Graz verwendet und 1594 nach Sauerbrunn bei Judenburg als Prediger geschickt worden. In Judenburg blieb er bis zu seiner Ausweisung im Jahre 1599. Außer diesen waren noch in unserer Stadt als Prediger verwendet gewesen: Georg Pichlmayer 1589, Sigmund Liertzer, der daselbst 1597 starb, der Subdiakon Martin Gruel, welcher 1599 ausgewiesen wurde und der Schuldiener (Lehrer) Anton Schwanengel, 1589 angestellt, welcher das gleiche Los mit Gruel hatte.

Diese in Kürze gegebenen Daten reichen hin, darzuthun, daß die evangelische Kirche in Judenburg längere Zeit die Uebermacht hatte. Diese wurde leider dazu benützt, nicht bloß das katholische Leben zu unterdrücken, sondern auch die Rechte und Besitzungen der katholischen Kirche zu kränken und an sich zu reißen.

Es kamen sogar Begebenheiten vor, von denen

man glauben sollte, daß sie nur in Zeiten des Faust=
rechtes möglich gewesen wären. So überfiel 1562
der lutherische Pöbel zu Judenburg das altehr=
würdige Franziskanerkloster daselbst, zog plündernd
und zerstörend durch die Kirche und die Zellen,
jagte die armen Mönche davon und schlug seine
eigene Wohnung darin auf. Erst 1588 kehrten
die Ordensleute unter dem Schutze Karl's II. in
ihr entweihtes Haus zurück. Aber trotz seines
besten Willens konnten dieser und die nächstfol=
genden Landesregenten es nicht hindern, daß auf
der anderen Seite die Einkünfte der Stadtpfarre
so schmal wurden, daß sie zur Erhaltung des
Pfarrers nicht mehr zureichten und mehrere nach=
einander zur Aufgebung der Pfründe (1597)
zwangen. Bis 1599 wurde die so verwaiste
Pfarre von Pöls aus verwaltet. Diesen Vorgän=
gen zu steuern, hätte es zwar genugsam Anhalts=
punkte in landesfürstlichen Verordnungen (1545,
1548 und 1563) gegeben, welche Karl II. 1574
und 1587 ausdrücklich wieder erneuerte, allein es
fehlte an verläßlichen und treuen Händen zu
ihrer Ausführung und daher trieb es ein jeder
fort, wie er eben wollte.

Man hätte denken sollen, daß wenigstens Stif=
tungen, die zum Besten der Armen dienten, vor
Schmälerung und Beraubung bewahrt gewesen
wären. Allein die Thatsachen zeigen das Gegen=
theil. Auch die h. Geistspitalsstiftung gibt hiezu
einen Beleg. Es wäre erklärlich gewesen, wenn
die lutherisch gewordenen Lehensherren das Bene=
fizium des Spitalkaplanes eingezogen hätten,
warum aber auch die Armen um die Wohlthat
der Stiftung kommen mußten, das ist nicht zu
begreifen, wenn nicht etwa bei der stets zuneh=

menden Theuerung aller Lebensbedürfnisse die Un=
zulänglichkeit des Einkommens und möglicher
Weise auch schlechte Wirthschaft die Zerrüttung
und endlich die gänzliche Auflösung des Spitales
bewirkten.

1595 lebten noch drei des Namens und Wap=
pens der Greißenegger, nämlich Johann Si=
gismund († 1596) und Johann Franz, die
Söhne des Johann Jakob Greißenegger und Jo=
hann Adrian († 1600), der erstgeborne Sohn
von dessen jüngerem Bruder Johann Georg. Jo=
hann Franz starb 1603 zu Judenburg als der
letzte seines Geschlechtes, und das Vogteirecht der
h. Geistspitalstiftung fiel dem Landesherrn Erz=
herzog Ferdinand II. anheim.

Als aber die landesfürstlichen Commissäre, der
Pfarrer von Pöls Paul Nephuen und der
Edle Wilhelm Rauchenberger, das Spital
1606 übernahmen, fand sich, daß daselbst seit län=
gerer Zeit keine Armen mehr erhalten wurden
und daß alle Güter in fremde Hände übergegan=
gen waren. Zu dieser Zeit war im ganzen Lande
die katholische Gegenreformation vollendet und die
alte Kirche wenigstens äußerlich zu ihrem Rechte
und zum früheren Ansehen gelangt. In Juden=
burg war diese kirchliche Reformation im März
1600 vor sich gegangen und zwar gegen alle Er=
wartung ohne viele Anstrengung. „Weil in dieser
Stadt ein großer Adel zu wohnen pflegt" (Bericht
der Reformationscommissäre), so hatte man sogar
bewaffneten Widerstand befürchtet. Nichts von dem
geschah. Von Judenburg und der ganzen Umge=
gend erklärten sich außer einigen wenigen (neun)
Personen alle, die Stadtbehörde an der Spitze,
bereit katholisch zu werden.

Daß es wenigstens der letzteren hiermit ernst gewesen, beweist die Bereitwilligkeit, mit welcher dieselbe dem Ansinnen des Erzherzoges Ferdinand Gehör gab, das ihrige zur Förderung katholischer Institutionen beizutragen. Ferdinand hatte nämlich am 13. Februar 1607 das eingezogene h. Geist- spital dem von ihm kürzlich zu Graz gegründeten Studentenseminare „Ferdinandeum" zur Ver- besserung der Dotation geschenkt.

Die Gründung dieser Anstalt zum Unterhalt und zur Erziehung armer Studenten greift bis in das Jahr 1596 zurück. Die Gegenverpflichtung dieser Zöglinge war, bei dem Gottesdienste in der Hof= und Jesuitenkirche als Sänger und Mu- siker zu dienen. In ersterer Zeit wohnten die- selben bei 20 an der Zahl in einem Hause in der Nähe der erzherzoglichen Burg in Graz. Zur Erweiterung dieses Institutes erbaute Ferdinand 1603 in der Färbergasse das große Gebäude, welches noch jetzt unter dem Namen Ferdinandeum bekannt ist, wiewohl es nun schon nahezu ein Jahrhundert dieser Bestimmung entfremdet ist.

Nachdem der Priester der Gesellschaft Jesu Mar- cellin Pollardt als Regens des Ferdinandeums die Schenkung des h. Geistspitales (1607) über- nommen hatte, mußte es sein erstes Geschäft sein, den Besitzstand desselben zu ermitteln und die ent- fremdeten Güter wieder zu erwerben.

Als ein Hauptgläubiger zeigte sich der Stadt- magistrat von Judenburg, welcher auf den Um- stand hin, daß die Stadt einen Steuerausstand von 800 Gulden zu fordern hatte, sämmtliche in ihrem Burgfrieden gelegenen Güter eingezogen hatte. Es ist das zwar ein ganz sonderbarer Rechtsgrund, gleichsam als wenn das Steuerzah-

len die erste Pflicht wohlthätiger Stiftungen
wäre, und die Bürgerpflicht vor der Christenpflicht
und Humanität stünde; aber die Thatsache war
einmal da, und man mußte zu Verhandlungen
schreiten. Doch es fand sich bald eine Auskunft,
die von der Stadt gutgeheißen und angenommen
wurde und durch welche man beiden Seiten ge=
recht wurde.

Die Stadt schenkte und cedirte nämlich sämmt=
liche eingezogenen Güter dem Ferdinandeum ohne
alle Bezahlung und ohne alle weiteren Rechtsan=
sprüche, dieses aber verpflichtete sich für alle „nach=
folgenden Weltzeiten" drei von der Stadt prä=
sentirte Knaben als Stiftlinge zu erhalten.

Der Eingang der Stiftungsurkunde, welche der
Bürgermeister, Richter und Rath der Stadt am
Freitage nach dem St. Barthlmätage 1611 ausstellte,
möge hier Platz finden, weil sich aus demselben
der Zweck der Stiftung ergibt:

„Dieweil wir nun in gesammter zu Gemüth=
für= und Berathschlagung unseres, fürnehmlichen
aber der gemeinen Stadt und unserer Nachkom=
men zeitlichen Aufnehmens und ewig währenden
Wohlstandes so viel befunden, daß bevorderst der
h. katholische Glaube und Gottesdienst, dann auch
das politisch gemeine Wesen allein durch wohl=
qualifizirte, gelehrte, exemplarische Männer or=
dentlich verricht, regiert und nicht allein in ihrer
Würde aufrecht erhalten, sondern auch wie län=
ger, je mehr fortgepflanzt und vermehrt werden,
beneben auch augenscheinlich wahrgenommen (in=
massen es der weiten Welt kundbar) wie daß die
ehrwürdigen Väter der Gesellschaft Jesu vielfäl=
tige Mühe und allen möglichen Fleiß ganz unver=
drossen anzuwenden pflegen, damit die ihnen anbe=

sohlene und untergebene Jugend neben chriftlicher
Disziplin in der Furcht Gottes, Pietät, löblichen
Sitten und anderen Tugenden auch an Verstand
und Geschicklichkeit sammt den Jahren zunehmen,
auferwachsen, und also voreingeführte vornehme
geist= und weltliche Aemter nützlich zu verrichten
qualifizirt werden; dannenhero und damit wir
und unsere Nachkommen bei gemeiner Stadt der=
gleichen gelehrte und taugliche Personen immer=
dar erhalten möchten" u. s. w. (folgt die Stiftung).

Was aber die 3 Stiftlinge betrifft, wurde aus=
bedungen „dieselben im Ferdinandeum mit Woh=
nung, Holz, Licht, Speise und Trank (es gab
dazumal noch Wein bei Tische) so gut man es
den anderen Zöglingen jetzt gibt, oder in künfti=
ger Zeit wird geben können, sammt Säuberung
oder Waschung ihres Leingewandtes so lange in
bonarum literarum studiis zu unterhalten, bis
sie die Philosophie, oder auch Theologie absolvirt
haben."

So sehen wir also nun nahezu 200 Jahre
später an die Stelle der alten Greißeneggerstiftung
eine Stadt Judenburger Stiftung getreten.
Nicht mehr ist der Hauptzweck die leibliche Ver=
sorgung alter heruntergekommener Leute bis zu
ihrem Tode, sondern im Gegentheile die geistige
Heranbildung junger, hoffnungsvoller Studenten
für das Leben. Nur eines ist beiden gemeinsam,
die Berücksichtigung der Armuth. Es spiegelt sich
aber auch in dieser Umänderung der Stiftung
der Zeitgeist ab, der nun zur Herrschaft gekom=
men war, nämlich das Streben durch gründ=
liche auf christkatholischer Basis beru=
hender Bildung und Erziehung eine
neue Generation zu schaffen, stark im

religiösen Glauben, kräftig in heiliger Sitte, gebildet durch die schönen Künste und Wissenschaften und so geistig geeignet als tüchtige Staatsbürger in geistlichen und weltlichen Aemtern sich zu bewähren.

In diesem Sinne war das Ferdinandeum gestiftet worden, in diesem Sinne hat es auch durch fast 200 Jahre gewirkt und dem Staate und der Kirche reichen Nutzen getragen. Aus einzelnen Zöglingen desselben wurden vortreffliche, hochausgezeichnete Männer, und wenn auch dies nicht gewesen wäre, so haben doch viele hundert strebsame Geister die Mittel gefunden, sich eine höhere Bildung zu verschaffen und einem edleren Lebensberufe sich zu widmen, der ihnen sonst niemals offen gestanden wäre.

Aber in jener Zeit, von der wir sprechen, im ersten Dezennium des 17. Jahrhundertes hatte diese Anstalt wohl ein großes Haus, aber noch geringe Mittel, um eine größere Anzahl von Jünglingen dort zu ernähren und zu versorgen. (1633 zählte sie bereits 125 Zöglinge, sank jedoch später wegen unzureichender Einkünfte auf 80—90 herab, welche Zahl im 18. Jahrhunderte die gewöhnliche war.)

Der Regens Marcell Pollardt hatte namentlich durch 6 Jahre manchen Kampf und manche Sorge zu überstehen, bis es seinem Administrationstalente gelang, die abalienirten Güter des h. Geistspitales wenigstens dem größeren Theile nach wieder hereinzubringen. Wir wollen die wichtigsten seiner Bemühungen und Erwerbungen hier bemerken.

Die steierischen Landstände hatten den „Neu-

mayrhof" und noch zwei andere Unterthanen
wegen der Steueraußstände des Spitales gepfän=
det und in Besitz genommen. Für diese wurde die
ausstehende Schuld getilgt, worauf natürlich die
Auslieferung der Güter erfolgte. Um eine andere
Gült von 16 Pfund Pfenningen, welche Herr
Georg Wuechrer an sich gebracht hatte, mußte
ein Proceß angefangen werden, der nach zwei
Jahren mit einem gütlichen Vergleiche schloß.
Kaum hatte das Ferdinandeum den obenerwähn=
ten Neumayrhof in Besitz genommen, so erhob
der Judenburger Bürger und Rathsherr Georg
Salzmann Ansprüche auf denselben, strengte
einen Prozeß an, wurde aber nach zwei Jahren
vom Gerichte abgewiesen.

Andere Judenburger Bürger alten Namens,
die Brüder Heinricher, hatten 14 zum Spi=
tale pflichtige Unterthanen erworben, sie ließen sich
jedoch alsbald zum gütlichen Ausgleiche herbei. Als
sie dieselben abgetreten hatten, forderte sie wieder ein
gewisser Rupert Thaler für sich ab. Die
Sache wurde zur Entscheidung dem Landeshaupt=
manne vorgelegt, der gegen Thaler entschied. Aber
nun nahm eben dieselben Güter der steierische
Landstand Adam Regal in Beschlag, mußte sie
aber doch auf Befehl Ferdinand II. wieder her=
ausgeben. Die Herausgabe des „Penghofes",
welchen die Adam Gallenberg'schen Erben
besaßen, konnte ebenfalls nur durch ein landes=
fürstliches Dekret (1610) bewirkt werden. (1618
wurde der Penghof der Frau Justina von Gal=
lenberg überlassen, welche zur Entschädigung drei
bäuerliche Güter im Ertrage von 39 fl. 37 kr.
übergab). Andere Besitzungen, wo die Leute sich
über den Besitztitel nicht ausweisen konnten, wur=

den mit leichterer Mühe erworben, da man sich
auf die alten landesfürstlichen Gesetze in Betreff
geistlicher Güter berufen konnte.

In späterer Zeit kamen auch neue Güter hinzu.
Eine Kammerfrau der Erzherzogin Maria, mit
Namen Maria Gerolzhofen, eine geborne
Unterweger, machte eine Schenkung und stiftete mit
25 fl. für sich und ihren Gatten Thomas eine
heilige Messe am 27. December zu lesen. 1621
kaufte man einen Acker in Strettweg hinzu.

Von anderen Schenkungen möge nur jener noch
erwähnt werden, welche Heinrich von Hein-
richsberg 1653 machte, weil sie eben von einem Judenburger-Burggrafen herrührte.

Es versteht sich von selbst, daß die Spitalskapelle nun wieder zu Ehren kam. Sie fand sich
bereits bei der kirchlichen Visitation 1619 neu
hergestellt und zum Gottesdienste verwendet. Von
nun an fehlte auch nicht die Gedächtnißfeier am
Todestage des Stifters, dessen Grabdenkmal sorg-
fältig erhalten wurde.

Die im Jahr 1620 eingetretene Ansiedlung
der Jesuiten in Judenburg steht mit dieser
h. Geistspitalsstiftung in gar keinem Zusammen-
hange. Die Verwaltung dieser blieb fortwährend
bei dem Superior des Ferdinandeums in Graz.

Der Gründer des Judenburger Jesuitencolle-
giums war Balthasar Freiherr von Than-
hausen. Er kaufte das dort befindliche verlas-
sene Augustinerkloster und schenkte es dem Orden,
welcher es zum Probationshause für die Ordens-
priester der österreichischen Provinz verwendete,
wo dieselben in geistlicher Einsamkeit das dritte
Probejahr ablegten, das der eigentlichen Ordens-
profeß vorausgehen mußte. Es befanden sich deren

durchschnittlich 20—30 im Hause, ältere Väter
6—10 und ebensoviele Laienbrüder. Von 1639
bis 1644 wurde das Collegium erweitert und
gänzlich umgebaut, brannte jedoch 1699 wieder
gänzlich ab, wobei der Superior des Hauses
P. Michael Mark, ein geborner Grazer, in den
Flammen umkam. Der Wiederaufbau war 1702
vollendet. 1658 hatte man auch die Kirche vergrö=
ßert und verschönert. Das liebliche Antoncum
war schon 1646 entstanden. Die Lateinschulen,
ursprünglich 3, zu welchen später auch die soge=
nannte „Poesie" kam, zählten 1647 bereits 120
Schüler. Auch ein Seminarium für arme Stu=
denten, „Josephinum" geheißen, wie das in Leoben
(und ein anderes in Graz), gab 20 talentirten
und braven jungen Leuten gedeihliche Unterkunft.

Es ist psychologisch interessant, wie sich auch
hier in Judenburg, diesem langjährigen Hort der
Lutheraner, binnen kürzester Zeit ein gänzlicher
Umschwung in religiöser Richtung gestaltete. Der
geistreiche Bischof von Lavant Stobäus hatte dem
Erzherzoge Ferdinand II. wirklich einen guten Rath
gegeben. Mit der Entfernung der Predikanten fiel
das ganze innerlich hohle Gebäude zusammen.
Wie in politischen Meinungen nur einige wenige
geistig hervorragende Köpfe und energische Charak=
tere selbstständig dastehen, die übrige Masse aber
blindlings nachbetet und nur unter der Leitung die=
ser Männer Halt und Richtung bekömmt, so war es
mit dem evangelischen Bekenntnisse. Kaum waren
seine Prediger, die meistens schon als Ausländer
um ihrer Existenz willen sich an die brotgebende
Stelle klammerten, ausgewiesen und niemand mehr
da, der hetzte, oder für den Widerstand einen
Rückhalt bot; so zeigte es sich, daß die von

Deutschland importirte Lehre in den Herzen kei=
nen inneren Halt gefunden hatte. Alle gaben
nach, der Bauer, der Bürger und der Edelmann,
es gab nirgends ein Martyrium für das Lutherthum.
War die Bekehrung zuerst auch nur eine äußer=
liche, nach wenigen Jahren war sie auch eine
innere. Zur Vollendung dieses Umschwunges hat
die eifrige, kluge und fromme Thätigkeit der Je=
suiten wohl sehr viel beigetragen. Sie verstanden
es, das Glaubensleben zu erwärmen, zu steigern
und ihm jenen äußeren Glanz zu geben, welcher
für die Menschennatur so reizend und überwälti=
gend wirkt. So erlebte denn auch Judenburg
die großartigsten kirchlichen Demonstrationen, wie
die Stadt solche nie früher gesehen hatte. Die
Fronleichnamsprocession, namentlich aber die so=
genannte katechetische Prozession wurde mit
einer Andacht und mit einer äußeren Pracht ge=
halten, die im ganzen Obersteier Aufsehen machte.
Ganz Judenburg und die gesammte Nachbarschaft
war auf den Beinen, wenn bei diesen katecheti=
schen Prozessionen die Kinder, Knaben und Mäd=
chen jeden Alters, welche für gewöhnlich den ka=
techetischen Unterricht in der Kirche erhielten,
ihren feierlichen Umzug durch die Stadt hielten,
ausgestattet mit dem Schaugepränge nicht nur
von Fahnen, Musik und frommen Gesängen, son=
dern von heiligen Gemälden, Statuen und gan=
zen Tableaux mit Sinnbildern und Sprüchen auf
zierlichen Gerüsten getragen. Der Anstand, die
Lieblichkeit, die aufrichtige Frömmigkeit der Klei=
nen rührte nicht bloß Mütter und Frauen, son=
dern auch manchen ernsten Mann bis zu Thränen
und führten ihn zur frommen Nachahmung und
tieferen Andacht. Die jährliche Zahl der Com=

municanten in der Jesuitenkirche zählte stets nach
Tausenden, 1710 sogar 22.000.

Alle Sonntage Morgens zog die zahlreiche
Marienbruderschaft mit brennenden Wachslichtern
aus der St. Martinskapelle, die zu den Sodali=
tätsversammlungen diente, zur Jesuitenkirche in
den Gottesdienst und zur feierlichen Kommunion.
Noch großartiger waren die Bittgänge nach M a =
r i a B u ch, zu welchen, die Stadtbehörde vollzäh=
lig an der Spitze, nicht selten 6000 Menschen (so
namentlich bereits 1656) sich zusammenfanden,
die mit unausgesetztem Gebete die Heilfahrt hin
und zurück machten. Ein anderes Mal erschien
wieder der Prälat von St. Lambrecht mit statt=
lichem Gefolge, oder der Propst von Seckau in
Judenburg, um an den hohen Ordensfesten den
Gottesdienst mit dem größten kirchlichen Pompe
zu halten. Am Abende fand sich dann der Adel
und die Elite der Bürgerschaft aus der Stadt
und Umgebung zusammen, um sich an den mit allem
Sinnenzauber ausgerüsteten lateinischen Schul=
dramen der Studenten und ihrer deklamatorischen
Fertigkeit zu weiden. So blühte ein reges
Leben, das auch für den zeitlichen Wohlstand der
Stadt sich günstig und förderlich erwies.

Es wird hier an der Stelle sein, einiges über
die topographischen Verhältnisse von Judenburg in
dieser Zeitperiode beizubringen, wozu ein hand=
schriftlicher Bericht vom Jahre 1702 aus der
Feder eines seiner Bewohner vorliegt. Dieser
Gewährsmann bezeichnet Judenburg als die
Hauptstadt von Obersteier und schätzt ihre Ent=
fernung von Graz nach der Floßfahrt auf der
Mur auf 14 Meilen. Neben diesem Verkehrs=
wege bediente man sich auch der kürzeren, auf 8

Meilen berechneten Grazer=Straße über die Berge
(Stubalpe). Zum Schutze der Stadt bestehen
starke Thürme und Festungsmauern, welche sie
rings umschließen. Der Zugang steht durch 5
große Thore und ein kleineres offen. Die innere
Stadt ist geräumig (spatiosa) und, wiewohl durch
häufige Feuersbrünste stark hergenommen, doch
zierlich und schön (satis tamen elegans et ve-
nusta).

Man zählt 8 Gässen und 2 Hauptstraßen,
welche beide in den weitläufigen Hauptplatz
münden, wo alljährlich zweimal die weitberühm=
ten Jahrmärkte gehalten werden. (Von Friedrich
IV. 1449 mit fürstlicher Freiung verliehen).

Unter den kirchlichen Gebäuden ragt die Pfarr=
kirche hervor, wo sich viele Grabmäler berühmter
Familien befinden. (Von dem großen Thurme,
dessen Bau von 1449 bis 1500 dauerte, macht
unser Berichterstatter keine Erwähnung.) Neben
der erzherzoglichen Burg, nur durch das Stadt=
thor geschieden, befindet sich die im alten Stile
erbaute Hofkirche, deren Gottesdienst die Fran=
ziskaner versehen.

Das Kloster derselben liegt hinter der Kirche.
(Von 1820 bis 1857 befand sich daselbst ein
Gymnasium, das von dem Stifte Admont besorgt
wurde. Gegenwärtig (seit 1869) befindet sich hier
die landschaftliche Bürgerschule.)

Dem anderen Thore gegenüber, welches an der
Murseite liegt, erhebt sich das Kollegium der Je=
suiten nebst der Kirche. Vom alten Augustiner=
kloster (zufolge Stiftsbriefes von Erzherzog Rudolf
IV. 1364 gegründet) ist wegen des Neubaues nichts
mehr ersichtlich. Hier findet sich auch das Gym=
nasium und Seminar, den rückwärtigen Trakt des

Kollegiums bildet das Probationshaus. Nicht weit davon liegen die St. Martinskirche und die h. Geistspitalskapelle, deren Gottesdienst von der Dechantei aus versehen wird.

Am Fuße der Stadt nahe beim Ufer der Mur liegt das uralte Kloster der Klarisserinnen, welches wegen der Annehmlichkeit seiner Lage und wegen des englischen Friedens seiner Hallen das „Paradeiß" genannt wird. Auf der anderen Seite des Flußes liegt die Vorstadt und mehrere Mühlen, zu welchen man über die Brücke gelangt.

Vom Kärntnerthore aus gelangt man auf das offene Feld. Nicht weit von der Stadt auf der rechten Seite der Straße erstreckt sich ein Haferfeld (später Exerzierwiese); hier finden sich noch Spuren von Marmordenkmälern, da hier der Friedhof der Evangelischen bestanden hatte.

Von den Grabstätten der Katholiken wollen wir (nach einer anderen Handschrift aus dem J. 1718) nur derjenigen Erwähnung thun, welche in Leitner's Monographie von Judenburg und in Schmutz' topographischem Lexikon nicht aufgeführt sind. (Doch müssen wir bemerken, daß die Grabschrift des Balthasar von Gleinz, Vicedoms von Leibnitz — nicht „Laibach". wie es bei Leitner und Schmutz heißt — bereits 1718 nicht mehr leserlich war, und daß in der Gruft des Tiburz von Sinzendorff auch dessen Gattin Lucia, eine geborne Saurau bestattet ist.

In der Franziskanerkirche befanden sich die Grabmäler des Christoph Khirchpichler zum Rottenthurn, kaiserlichen inneröfterreichischen Regimentsrathes und Hofpfennigmeisters, (starb 7. Februar 1630) und seiner Gemahlin Eva, einer gebornen Eberin, (starb 8. Februar 1651).

Letztere Ruheſtätte iſt insbeſondere denkwürdig, da
Eva Khirchpichler im Jahre 1642 zum Jeſuiten=
kollegium in Judenburg 2000 fl. ſtiftete, wovon
zwei Studenten im Seminarivm Joſephinum
zu erhalten waren. Die zwei noch jetzt beſtehen=
den Khirchbichler'ſchen Handſtipendien für Gym=
naſialſchüler ſchreiben ſich von dieſer Stiftung
her.

In eben derſelben Kirche war auch das Grab
der 1646 verſtorbenen Frau Sabina Gräfin von
S ch e r n b e r g, gebornen Pergerin von Embslieb;
ferner des erzherzoglichen Rathes, Kämmerers und
Oberſtſtallmeiſters Bernhard W a l t h e r v. W a l=
t e r s w e y l (ſtarb 11. September 1624).

In der uralten St. Katharinenkapelle neben der
Franziskanerkirche, von welcher gegenwärtig eben=
falls keine Spur mehr ſichtbar iſt, hatte ſich des
Kaiſers Ferdinand III. und deſſen Brüder Leib=
medicus, Ritter des goldenen Sporens Johann
Sebaſtian von und zu Z o l t e n ſt e i n eine Gruft
erbaut und dahin ſeine Frau R e g i n a, eine ge=
borne Stuſingerin zu Dachenſtein (1627) und
ſeinen Sohn W i l h e l m (1642) begraben laſſen.

In der Jeſuitenkirche ſind beſtattet: an der
Evangelienſeite des Hochaltares der Gründer des
Kollegiums Balthaſar Graf von T h o n h a u ſ e n
(ſtarb 10. November 1627) und deſſen Gattin
U r ſ u l a geborne Freiin von Hollenegg (ſtarb
12. April 1654), welche das Probationshaus ge=
ſtiftet hatte; am St. Joſefsaltare Erasmus Wil=
helm Graf v. S a u r a u, Freiherr auf Großlob=
ming, Herr auf Than, Donerspach, Saurbrunn
Reiffenſtein, Erblandmarſchall von Steiermark
und Statthalter von Inneröſterreich, Rath und
Kämmerer des Kaiſers Leopold I. —

Haben wir so eine kleine Beschreibung der Stadt
geliefert, so muß nun auch eine Erwähnung der
entsetzlichen Feuersbrunst geschehen, welche dieselbe
am 22. Oktober 1709 gänzlich verheerte. (Die
Setzung dieses Unglückes in das Jahr 1711 ist
irrig.) Der Brand war von einem Schergen aus
Anlaß der mißlungenen Fahndung eines Verbre-
chers gelegt worden und brach in den ersten Nach-
mittagsstunden am äußersten Ende der Stadt bei
den Franziskanern aus, setzte aber, von einem
heftigen Sturmwinde gepeitscht, binnen kurzer
Zeit die ganze Stadt in Flammen, griff in die
Vorstadt hinab und entzündete sogar die benach-
barte Waldung. Die Wuth des Feuers war un-
beschreiblich. Rauch und Hitze und das Springen
der Flamme von Haus zu Haus ließ keine Ab-
wehr, ja nicht einmal den Gedanken an Rettung
aufkommen. Man konnte auf nichts, als auf
Flucht sinnen und selbst dieser verschloß die Flamme
nicht selten überraschend schnell den Ausweg. Binnen einer Stunde war die ganze Stadt ein Flam-
menmeer, Abends ein glühender Schutthaufen.
Keine Gasse, kein Haus war verschont geblieben.
Um nur einiges und dies zu bemerken, was unserem Geschichtsstoffe näher liegt, sei erwähnt,
daß auch das Ferdinandeum schweren Verlust erlitt, indem die h. Geistkapelle, das Greißenegger-
Spital und der dazu gehörige Getreideschüttkasten
in Ruinen lag. Ebenso schwer war das Jesuiten-
kollegium getroffen. Vor drei Wochen war eben
erst der Wiederaufbau aus dem Brande des Jah-
res 1699 vollendet worden und man erfreute sich
an der Zierlichkeit, durch welche es zu einem der
schönsten Häuser der Provinz gemacht worden
war. Nun stand es mehr verheert da, als früher,

die ganze Seite gegen die Stadt, der Uhrthurm, die Wohnung der Dienstleute, die Meierei mit allen Vorräthen, das Seminarium Josephinum, das Schulgebäude, das Theater, das Oratorium der Bruderschaft, alles war bis zum Boden aus= gebrannt; die Glocken waren geschmolzen, die Fenster zertrümmert, ein Theil des Kirchengewöl= bes eingestürzt, selbst bis in die Keller war der Brand gedrungen.

So war denn ganz Judenburg eine wüste Ruine und so zerstört, daß viele Bürger gar nicht mehr an die alte Stätte zurückkehren, sondern den Ort für immer verlassen wollten. Erst das Beispiel der Jesuiten wirkte ermuthigend. Als diese un= verdrossen die Ruinen wegzuräumen anfiengen, die weniger beschädigte Lorettokapelle alsbald wieder für den täglichen Gottesdienst herrichteten, und mit der gewohnten Ruhe ihres Berufes zu wal= ten begannen, da erwachte auch bei den verzag= teren Gemüthern neues Vertrauen und der Muth für die Wiederaufrichtung ihrer Wohnsitze. —

Siebenzig Jahre später trat eine andere Ver= änderung durch die Aufhebung des Jesuitenordens in Oesterreich ein. Judenburg verlor hiedurch, abgesehen von religiösen Verhältnissen, sein Gym= nasium und sein Seminar für arme Studenten. Auch die J u d e n b u r g e r S t u d e n t e n s t i f t u n g erlitt eine Umwandlung, indem das F e r d i n a n= b e u m aufgelöst und die Zöglinge sich selbst oder ihren Angehörigen überlassen wurden.

Die Stipendienplätze wurden in Handstipendien verwandelt, die h. Geistgült wurde verkauft, der Kauf= preis 15.610 fl. zum Ankauf einer fünfprocentigen Hofkammerobligation verwendet, und als die Regie= rung im Jahre 1803 wieder ein k. k. Convict zu Graz

errichtet hatte, wurden aus dem Zinsenertrage die=
ser Obligation drei Plätze für Stiftlinge bestritten,
auf deren zwei der Magistrat von Judenburg das
Präsentationsrecht erhielt. 1811 hatte diese Obli=
gation das Unglück, von dem Finanzpatente betroffen
zu werden, wodurch die Stiftung für einige Zeit
wieder auf zwei Zöglinge reduzirt wurde. Dann
kam zur Abwechslung 1848 die Aufhebung des
Convictes und die Creirung von Handstipendien.
Derzeit bestehen d r e i solche Stipendien, das erste
und zweite im jährlichen Ertrage von ungefähr
60 fl., das dritte von 200 fl. am Gymnasium,
von 300 fl. an der theologischen Fakultät.

Hiermit wollen wir die Geschichte des h. G e i s t=
s p i t a l s in der freundlichen Hoffnung schließen,
daß wir unseren Zweck erreichten, demselben
ein kleines Gedächtnißmal aufzubauen. Mögen
auch diejenigen, welche nun im Genusse eines
S t a d t J u d e n b u r g e r S t i p e n d i u m s stehen,
dankbar des Stifters gedenken, dessen frommer
Sinn ein gutes Werk schuf, das bereits vier und
ein halbes Jahrhundert wohlthätig wirkte und
hoffentlich noch lange ebenso fortwirken wird.

Kehren wir schließlich zu dem Worte zurück,
das wir eingänglich sprachen, Judenburg ist eine
schicksalsreiche Stadt. Schon aus diesen flüchtigen
Zügen, mit welcher wir hier ihre Geschichte an=
deuteten, läßt sich dieses ersehen. Sie hat, um der
älteren Zeit nicht zu erwähnen, ihre j ü d i s c h e,
ihre e v a n g e l i s c h e, ihre j e s u i t i s c h e G l a n z=
p e r i o d e gehabt, und wenn die Stadt heutzu=
tage nicht in langer Häuserzeile mit Prachtbau=
ten weit über ihre jetzigen Grenzen hinausreicht;
so ist nicht der Mangel an innerer Lebenskraft
der Bewohner daran Schuld, sondern das Walten

einer Naturkraft, die einmal fessellos geworden, von Menschenhand nicht bezwungen werden kann. Fünfmal wurde die Stadt in fünf Jahrhunderten durch schreckliche Feuersbrünste gänzlich vernichtet, 1383, 1670, 1709, 1807 und 1840. Es gibt Städte, die nach nur einmaligem solchen Unglücke sich nie wieder erhoben. Aber Judenburg steht noch, eine freundliche, gemüthliche und aufstrebende Stadt, so recht zum schlagenden Beweise und Zeugniß für die echtsteierische Charakterseite des unverwüstlichen, kernhaften und gesunden Wesens, das Land, Natur und Bewohner beseelt und belebt.

www.ingramcontent.com/pod-product-compliance
Lightning Source LLC
Chambersburg PA
CBHW031807090426
42739CB00008B/1200